Organização Financeira Pessoal Descomplicada para Médicos

Como Alcançar a Estabilidade Financeira e Prosperar

Escrito por:
Lucas Nolasco

Sumário

Introdução..6
   O Desafio Financeiro na Medicina... 6
   A Necessidade de Educação Financeira...................................... 7
   Impactos Emocionais nas Finanças...7
   Visão Geral do Livro..8
      Capítulo 1: A Importância da Educação Financeira............... 8
      Capítulo 2: Avaliando Sua Situação Financeira...................... 8
      Capítulo 3: Planejamento Financeiro Eficaz............................ 9
      Capítulo 4: Otimização de Receitas... 9
      Capítulo 5: Investimentos e Segurança Financeira.................9
      Capítulo 6: Proteção Financeira e Planejamento de Longo Prazo... 10
      Capítulo 7: O Comportamento Financeiro Saudável............10
   Conclusão... 10
A Importância da Educação Financeira.. 12
   Compreendendo a Educação Financeira.................................... 12
   Os Impactos Emocionais nas Finanças.. 12
   Como a Falta de Conhecimento Financeiro Pode Levar a Dificuldades.. 13
      1. Endividamento Excessivo...13
      2. Falta de Poupança e Reserva para Emergências..............14
      3. Decisões de Investimento Ineficientes............................... 14
      4. Atraso na Aposentadoria... 14
      5. Perda de Oportunidades.. 14
   Conclusão... 15
Avaliando Sua Situação Financeira..16
   2.1 Criando um Panorama Financeiro: Receitas e Despesas.... 16
      2.1.1 Entendendo Receitas.. 16
      2.1.2 Listando Despesas.. 17
      2.1.3 Criando um Mapa Financeiro.. 17

2.2 A Importância de Ter Controle sobre Dívidas..........................17
    2.2.1 Analisando Suas Dívidas.. 18
    2.2.2 Estratégias para Gerenciamento de Dívidas..............18
    2.2.3 A Importância do Foco Emocional............................... 19
2.3 Ferramentas para o Acompanhamento Financeiro Pessoal. 19
    2.3.1 Aplicativos de Gestão Financeira................................ 19
    2.3.2 Análise Periódica...19
    2.3.3 A Consultoria Financeira... 20
Conclusão... 20

Planejamento Financeiro Eficaz... 22
Estabelecendo Metas Financeiras SMART..............................22
    1. Específicas... 22
    2. Mensuráveis... 22
    3. Atingíveis.. 23
    4. Relevantes..23
    5. Temporais... 23
    Exercício de Metas SMART.. 23
Criando um Orçamento Realista: Passo a Passo..................... 24
    1. Avaliar Receitas..24
    2. Categorizar Despesas..24
    Despesas Fixas...25
    Despesas Variáveis... 25
    3. Analisar Resultados..25
    4. Ajustar e Implementar.. 25
    5. Monitorar e Revisar Regularmente..............................25
A Importância da Reserva de Emergência................................26
    1. O que é uma reserva de emergência?........................ 26
    2. Como Construir Sua Reserva......................................26
    3. Consistência é a Chave... 27
    Dicas para um Planejamento Eficaz................................. 27
Conclusão... 27

Otimização de Receitas... 29
Diversificação das Fontes de Renda: Oportunidades para
Médicos... 29

1. Entendendo a Diversificação de Receitas.........................29
2. Oportunidades de Receita...29
Consultoria e Especialização.. 30
Cursos Online e Telemedicina..30
Escrita e Publicação.. 30
Ações de Marketing de Conteúdo....................................... 30
3. Exemplos Práticos de Diversificação.............................. 30
Empreendedorismo na Medicina: Clínicas, Cursos e Consultorias 31
1. A Mudança de Mentalidade...31
2. Criando Uma Clínica ou Consultório.............................. 31
Passos Iniciais:...31
3. Consultorias e Coaching.. 32
Como Criar um Programa de Consultoria:......................... 32
Negociação e Valorização do Trabalho: Como Aumentar Suas Receitas.. 32
1. A Importância da Negociação... 33
2. Estratégias de Negociação.. 33
Conheça Seu Valor.. 33
Fortalecimento de Relações... 33
3. Valorização do Trabalho... 33
Conclusão... 34
Investimentos e Segurança Financeira..35
Introdução aos Diferentes Tipos de Investimentos..................... 35
1. Tipos de Investimentos...35
1.1. Renda Fixa... 35
1.2. Renda Variável... 36
1.3. Imóveis... 36
1.4. Outros Investimentos...37
2. A Importância de um Portfólio Diversificado......................... 37
2.1. Princípios da Diversificação.. 37
2.2. Como Diversificar.. 38
3. Como Avaliar e Escolher Investimentos Adequados ao Seu Perfil... 38

3.1. Identificando o Seu Perfil de Investidor..........................38
3.2. Avaliação de Desempenho e Risco...............................39
3.3. Buscando Orientação Profissional............................... 39
4. Estruturando um Portfólio de Investimentos Eficaz.................39
4.1. Definindo Alocações...39
4.2. Monitoramento e Reequilíbrio.. 40
4.3. Acompanhamento de Tendências de Mercado.............. 40
5. Considerações Finais sobre Investimentos e Segurança Financeira...40
5.1. O Papel da Paciência..41
5.2. A Educação Contínua.. 41
Conclusão... 41
Proteção Financeira e Planejamento de Longo Prazo............... 42
1. Seguros Essenciais para Médicos.. 42
1.1 Por que os Seguros são Cruciais?.....................................42
1.2 Tipos de Seguros Indispensáveis...43
1.3 Avaliando Necessidades de Seguros.................................43
2. A Importância do Planejamento Sucessório............................ 44
2.1 Conceito de Planejamento Sucessório.............................. 44
2.2 Benefícios do Planejamento Sucessório............................44
2.3 Passos para um Planejamento Sucessório Eficaz...........44
3. Pensões e Aposentadoria: Estruturando um Futuro Seguro...45
3.1 A Importância de Planejar a Aposentadoria.....................45
3.2 Tipos de Aposentadorias..45
3.3 Montando um Plano de Aposentadoria...........................46
4. Considerações Finais...46
O Comportamento Financeiro Saudável................................48
7.1 Como Cultivar Hábitos Saudáveis em Relação às Finanças 48
7.1.1 A Disciplina Financeira...48
7.1.2 Educação Contínua..49
7.2 Lidando com a Ansiedade Financeira na Profissão Médica. 50
7.2.1 Reconhecendo a Ansiedade Financeira..................... 50
7.2.2 Estratégias para Minimizar a Ansiedade Financeira.... 50
7.3 Importância da Mentalidade Positiva em Busca da

Prosperidade.. 51
    7.3.1 A Mentalidade de Crescimento................................ 51
    7.3.2 Construindo uma Rede de Apoio............................ 52
  7.4 O Papel do Autoconhecimento..52
  7.5 Conclusão.. 53

Conclusão..54
  O Desafio da Gestão Financeira na Medicina......................54
  A Transformação Através do Conhecimento......................54
  A Importância de Uma Mentalidade Pró Ativa..................... 55
  Construindo Um Futuro Sustentável.................................... 55
  A Jornada Está Apenas Começando.................................... 56
  Comprometer-se com o Aprendizado Contínuo...................56
  Um Chamado à Ação... 57

Bibliografia e Referências... 59
  Bibliografia...59
  Referências.. 60

Agradecimentos.. 62
  Aos Profissionais de Saúde... 62
  Aos Pacientes... 62
  Aos Especialistas em Finanças..63
  À Minha Família e Amigos... 64
  À Comunidade Médica.. 64
  Às Instituições e Organizações... 65
  Reflexões Finais..65

Introdução

A prática da medicina é considerada uma das carreiras mais nobres e desafiadoras, pois envolve a responsabilidade de cuidar da saúde e do bem-estar das pessoas. No entanto, além das complexidades inerentes à profissão, os médicos frequentemente se deparam com pressões e desafios financeiros que podem impactar não apenas a sua qualidade de vida, mas também o atendimento aos seus pacientes. Assim, a importância de uma boa organização financeira pessoal e a construção de uma base sólida para a estabilidade financeira nunca foram tão relevantes. Este livro busca servir como um guia prático e acessível para ajudar médicos a navegarem pelos labirintos das finanças pessoais.

O Desafio Financeiro na Medicina

O contexto financeiro de muitos médicos é repleto de particularidades que precisam ser compreendidas. Após anos de estudos e dedicação intensa, muitos profissionais de saúde se deparam com a realidade de que, apesar de suas altas qualificações, podem não ter uma gestão financeira adequada. O alto custo da educação médica, as longas jornadas de trabalho, e a incerteza em relação a rendimentos podem contribuir para um cenário que gerará estresse financeiro.

O trabalho constante em ambientes de alta pressão e a necessidade de estar sempre atualizado nas práticas médicas muitas vezes levam os profissionais a negligenciar suas finanças. Isso não é apenas um problema pessoal; é um desafio que pode afetar a qualidade da assistência médica que oferecem. Médicos estressados financeiramente são mais propensos a cometer erros, o que pode ter consequências graves.

A Necessidade de Educação Financeira

A educação financeira é a chave para desmistificar e solucionar as dificuldades enfrentadas na gestão das finanças pessoais. Trata-se de adquirir conhecimentos e habilidades necessárias para tomar decisões financeiras conscientes e informadas. Para os médicos, isso inclui entender não apenas como gerenciar despesas diárias e dívidas, mas também como investir sabiamente, planejar para o futuro e proteger seu patrimônio.

Muitos médicos, durante a sua formação e carreira, têm pouca ou nenhuma formação em educação financeira. A ausência desse ensinamento prático e aplicável pode resultar em decisões mal fundamentadas que afetam suas vidas de maneira duradoura. Assim, é fundamental que os profissionais de saúde procurem ativamente informações que os capacitem a gerenciar suas finanças.

O pilar da educação financeira deve abranger conceitos fundamentais, como o entendimento das receitas e despesas, a importância da reserva de emergência, e a análise de formas de investimento. Este livro é projetado para fornecer uma base sólida nesse aspecto, trazendo conhecimento acessível e aplicável ao cotidiano desses profissionais.

Impactos Emocionais nas Finanças

O aspecto emocional das finanças não pode ser negligenciado. O estresse financeiro pode causar um impacto significativo na saúde física e mental dos médicos. A ansiedade e a sensação de impotência geradas por dificuldades financeiras podem afetar não apenas a vida profissional, mas também a relação com família e amigos. Por isso, abordar a organização financeira pessoal também envolve lidar com os sentimentos associados à gestão do dinheiro, cultivando uma mentalidade mais saudável.

Nesse sentido, práticas como o autocuidado e a busca por suporte emocional profissional, como terapia ou grupos de apoio, podem ser essenciais para manter o equilíbrio. Ao entender a relação entre finanças e bem-estar emocional, os médicos podem trabalhar para desenvolver uma abordagem mais holística e saudável em relação ao seu dinheiro.

Visão Geral do Livro

Este livro apresenta um caminho passo a passo para que médicos possam alcançar a estabilidade financeira e prosperar em suas vidas profissionais e pessoais. Através de sete capítulos cuidadosamente estruturados, o leitor encontrará uma abordagem prática e direta para questões financeiras que são frequentemente negligenciadas, mas de extrema importância.

Capítulo 1: A Importância da Educação Financeira

Neste primeiro capítulo, discutiremos em detalhes o que é educação financeira e como pode realmente transformar a vida dos profissionais de saúde. Vamos explorar as implicações emocionais da falta de planejamento financeiro e como isso pode ser superado com uma abordagem prática.

Capítulo 2: Avaliando Sua Situação Financeira

Aqui, iremos abordar como realizar uma avaliação holística da própria situação financeira, analisando receitas, despesas e a importância de manter as dívidas sob controle. Fornecemos ferramentas para um acompanhamento financeiro eficiente, permitindo que os leitores se sintam mais empoderados a controlar suas finanças.

Capítulo 3: Planejamento Financeiro Eficaz

Estabelecer metas financeiras é fundamental para que o médico tenha um direcionamento claro em relação ao que deseja alcançar. Explicaremos o conceito de metas SMART (Específicas, Mensuráveis, Alcançáveis, Relevantes e Temporais) e descreveremos um passo a passo prático para a elaboração de um orçamento que funcione.

Capítulo 4: Otimização de Receitas

Neste capítulo, discutiremos estratégias para diversificar as fontes de renda, abordando possibilidades como empreendedorismo na área da saúde e a valorização do trabalho. O objetivo é ajudar os médicos a encontrarem novas formas de aumentar suas receitas e se sentirem financeiramente mais seguros.

Capítulo 5: Investimentos e Segurança Financeira

A segurança financeira a longo prazo exige um bom entendimento dos investimentos. Iremos introduzir os diferentes tipos de investimentos disponíveis e discutir a importância de ter um portfólio diversificado. A escolha adequada dos investimentos deve ser baseada no perfil financeiro de cada médico.

Capítulo 6: Proteção Financeira e Planejamento de Longo Prazo

A proteção financeira é um aspecto essencial que muitas vezes é negligenciado. Vamos abordar a importância de ter seguros adequados, planejamento sucessório e discutir como um plano de aposentadoria sólido pode impactar o futuro financeiro do médico.

Capítulo 7: O Comportamento Financeiro Saudável

Por fim, este capítulo abordará como cultivar uma mentalidade financeira saudável, incluindo dicas práticas para evitar a ansiedade financeira e criar hábitos positivos que contribuam para a prosperidade financeira.

Conclusão

A jornada em busca de estabilidade financeira e prosperidade pode parecer desafiadora, especialmente para profissionais de saúde que enfrentam uma rotina intensa e cheia de responsabilidades. Entretanto, é uma jornada perfeitamente realizável. Com as ferramentas, estratégias e conhecimentos adequados, os médicos podem criar um futuro financeiro mais seguro e próspero, não apenas para si próprios, mas também para as suas famílias e para suas práticas.

Ao longo deste livro, será enfatizada a importância da educação financeira como um meio de desenvolvimento pessoal e profissional. Com dedicação e esforço, é possível descomplicar a gestão financeira, levando a uma vida mais equilibrada e gratificante.

Por isso, convido você, leitor, a mergulhar nas páginas seguintes e descobrir um novo caminho para a sua vida financeira. O primeiro passo rumo à prosperidade começa agora.

Capítulo 1

A Importância da Educação Financeira

Compreendendo a Educação Financeira

A educação financeira é um conjunto de conhecimentos e habilidades que permitem aos indivíduos tomar decisões informadas sobre o uso do seu dinheiro. Para os médicos, que frequentemente lidam com uma carga horária intensa e responsabilidades pesadas na saúde de seus pacientes, entender os princípios básicos de finanças é crucial. Mesmo com uma renda elevada, se a gestão desse dinheiro não for realizada de maneira adequada, o impacto na vida financeira pode ser significativo.

A educação financeira abrange tópicos como controle de receitas e despesas, investimentos, planejamento de aposentadoria e endividamento. Ao ter clareza sobre esses conceitos, os médicos podem ter uma visão mais ampla de sua situação financeira, tomar decisões conscientes e evitar armadilhas comuns que podem levar a dificuldades financeiras. O conhecimento financeiro adequado permite que cada profissional da saúde não apenas sobreviva financeiramente, mas também prospere, construindo riqueza ao longo do tempo.

Os Impactos Emocionais nas Finanças

É essencial reconhecer que as finanças não são apenas números em uma planilha; elas estão profundamente conectadas às emoções e ao bem-estar do indivíduo. Médicos, em especial, vivem sob altos níveis de estresse devido à carga emocional de cuidar da saúde dos outros, e essa pressão pode se estender à sua vida financeira. A preocupação constante com as contas a pagar, o medo de não ter dinheiro suficiente para emergências ou a insegurança quanto ao futuro podem gerar ansiedade.

O impacto emocional não afeta apenas o comportamento financeiro; ele pode se manifestar em escolhas erradas, como acumular dívidas excessivas ou investir em oportunidades financeiras arriscadas. A falta de educação financeira contribui para essa realidade, pois sem um entendimento claro, médicos podem sentir que não têm controle sobre suas finanças e isso pode afetar sua saúde mental. Ao adquirir conhecimento e informações, eles podem desenvolver uma relação mais saudável com o dinheiro, abordando suas finanças com confiança e clareza.

Como a Falta de Conhecimento Financeiro Pode Levar a Dificuldades

Infelizmente, a ausência de educação financeira é uma realidade que atinge muitos profissionais de saúde. Algumas das consequências mais comuns incluem:

1. Endividamento Excessivo

Médicos que não têm um controle adequado sobre suas finanças podem acabar acumulando dívidas consideráveis. Isso pode ocorrer devido a gastos excessivos, falta de um orçamento, ou mesmo a necessidade de financiar a educação ou a abertura de uma clínica.

Esse endividamento pode comprometer a estabilidade financeira e afetar outros aspectos da vida, resultando em estresse emocional e problemas de saúde.

2. Falta de Poupança e Reserva para Emergências

Outro resultado da falta de educação financeira é a ausência de uma reserva de emergência. Se um médico não planejar imprevistos financeiros, como despesas médicas inesperadas, reparos em casa ou perda temporária de renda, pode se encontrar em uma situação delicada. A reserva de emergência é crucial para garantir segurança e tranquilidade em momentos difíceis.

3. Decisões de Investimento Ineficientes

A falta de conhecimento sobre investimentos pode levar a decisões ruins que comprometem o potencial de crescimento de patrimônio ao longo do tempo. Médicos podem ser atraídos por opções de investimento que não são adequadas ao seu perfil de risco ou pela falta de análise sobre a solidez de um veículo de investimento.

4. Atraso na Aposentadoria

Sem um plano de aposentadoria adequado, muitos médicos acabam adiando o momento de parar de trabalhar, o que afeta sua qualidade de vida na velhice. Uma aposentadoria segura exige planejamento a longo prazo, e essa falta de preparação pode tornar a transição muito mais difícil.

5. Perda de Oportunidades

A falta de educação financeira pode fazer com que médicos deixem de aproveitar oportunidades financeiras vantajosas, como investimentos diversificados ou participação em novos empreendimentos que poderiam complementar sua renda. A ausência de informação os impede de visualizar o potencial que suas finanças podem alcançar.

Conclusão

O conhecimento financeiro é uma ferramenta imprescindível na vida de médicos e profissionais de saúde. Ao entender a educação financeira e seu impacto em suas vidas, eles estarão melhor equipados para evitar dificuldades e promover o sucesso. Este primeiro capítulo delineia a importância de se tornar um educador financeiro, não apenas para a sua própria realidade, mas também para influenciar positivamente seus colegas e pacientes.

Nos próximos capítulos, abordaremos como avaliar a situação financeira, planejar de forma eficaz e otimizar receitas. Cada um desses tópicos será tratado com a intenção de transformar a relação dos médicos com suas finanças e ajudá-los a atingir a tão sonhada estabilidade e prosperidade financeira.

Capítulo 2

Avaliando Sua Situação Financeira

A avaliação da situação financeira é um passo crucial na jornada em direção à estabilidade e prosperidade financeira. Para médicos, que frequentemente enfrentam uma carga de trabalho elevada e responsabilidades emocionais intensas, a gestão das finanças pessoais pode parecer uma tarefa monumental. No entanto, a análise cuidadosa de suas finanças é o primeiro passo decisivo. Neste capítulo, vamos explorar como criar um panorama financeiro claro, a importância do controle sobre as dívidas e apresentar ferramentas práticas para ajudar no acompanhamento financeiro pessoal.

2.1 Criando um Panorama Financeiro: Receitas e Despesas

2.1.1 Entendendo Receitas

O primeiro passo para a avaliação financeira é entender suas receitas. Para muitos médicos, as fontes de renda podem incluir:

1. **Salário fixo**: O pagamento recebido como funcionário de uma instituição de saúde.
2. **Atendimentos particulares**: Consultas e procedimentos realizados em consultórios ou hospitais, que podem variar significativamente de mês para mês.

3. **Rendimentos de outras atividades**: Cursos, palestras e outras iniciativas de empreender na medicina que possam gerar um fluxo adicional de receita.

2.1.2 Listando Despesas

Após mapear suas receitas, é essencial listar todas suas despesas. As despesas se dividem em categorias:

- **Despesas fixas**: Aqueles valores que você paga todo mês, como aluguel ou prestação da casa, contas de água e luz, e mensalidades de escolas.
- **Despesas variáveis**: Gastos que podem variar a cada mês, incluindo alimentação, lazer, transporte e vestuário.
- **Dívidas e compromissos financeiros**: Pagamentos de empréstimos, financiamentos e cartões de crédito.

2.1.3 Criando um Mapa Financeiro

Após identificar suas receitas e despesas, o próximo passo é criar um "mapa financeiro". Isso pode ser feito utilizando uma simples tabela em um software de planilhas como Excel ou Google Sheets. Organize suas receitas em uma coluna e, em outra, suas despesas. A diferença entre essas duas cifras se chamará "fluxo de caixa".

Um fluxo de caixa positivo indica que você está ganhando mais do que gastou, enquanto um fluxo de caixa negativo é um sinal de alerta e indica que ajustes financeiros são necessários.

2.2 A Importância de Ter Controle sobre Dívidas

2.2.1 Analisando Suas Dívidas

Dívidas podem rapidamente se tornar um fardo, especialmente na profissão médica, onde a pressão para manter um estilo de vida elevado e a carga emocional podem levar a gastos impulsivos. O primeiro passo para o controle de dívidas é saber exatamente quanto você deve.

Liste todas as suas dívidas, incluindo:

- O total de cada dívida
- A taxa de juro associada
- O valor de pagamento mensal
- A data de vencimento

2.2.2 Estratégias para Gerenciamento de Dívidas

Uma vez que você tem um panorama claro das suas dívidas, pode começar a implementar estratégias de gerenciamento. Algumas táticas incluem:

- **Método da bola de neve**: Concentre-se em pagar as menores dívidas primeiro, enquanto continua fazendo pagamentos mínimos nas maiores. O sucesso inicial pode motivá-lo a continuar.
- **Método da avalanche**: Concentre-se em pagar as dívidas com as maiores taxas de juros primeiro. Isso pode resultar em menos juros pagos no longo prazo.
- **Consolidação de Dívidas**: Considere a possibilidade de consolidar suas dívidas em um único empréstimo com uma taxa de juros mais baixa. Isso pode reduzir o pagamento mensal e simplificar a gestão das dívidas.

2.2.3 A Importância do Foco Emocional

A gestão de dívidas muitas vezes está ligada à saúde emocional do médico. É essencial reconhecer que ter dívidas não é um fracasso pessoal, e a jornada para o pagamento delas pode ser enriquecedora. Ao focar na evolução do seu controle financeiro, o estresse emocional e financeiro pode diminuir consideravelmente.

2.3 Ferramentas para o Acompanhamento Financeiro Pessoal

2.3.1 Aplicativos de Gestão Financeira

Com o avanço da tecnologia, há uma variedade de aplicativos que podem ajudar no controle das finanças pessoais. Aqui estão algumas opções populares:

- **Guias financeiros**: Aplicativos como **Organizze** ou **Mobills** permitem que você categorize despesas, monitore contas e receba alertas de vencimentos.
- **Planilhas**: Algumas pessoas preferem o método tradicional de planilha. Há templates adaptados às finanças, que podem ser baixados da internet.
- **Ferramentas de investimentos**: Aplicativos como xp.com ou rico.com.br podem ajudar não só na gestão de receitas e despesas, mas também na visualização e gerenciamento de investimentos.

2.3.2 Análise Periódica

Não basta apenas definir suas receitas e despesas; é crucial realizar análises periódicas de sua situação financeira. Reserve um tempo mensalmente para revisar sua planilha ou aplicativo de finanças. Pergunte-se:

- Estou cumprindo meus objetivos financeiros?
- Quais áreas podem ser melhoradas?
- Preciso ajustar meu orçamento?

2.3.3 A Consultoria Financeira

Finalmente, um consultor financeiro pode ser um recurso valioso. Esses profissionais podem ajudar na criação de um plano financeiro personalizado, levando em consideração suas particularidades como médico. O suporte de um consultor pode proporcionar:

- Entendimento sobre investimentos
- Sugestões em relação a dívidas
- Assistência no planejamento de aposentadoria

Conclusão

A avaliação da situação financeira é a base sobre a qual todos os esforços financeiros devem ser construídos. É um processo contínuo que requer atenção e ajustes regulares. Ao criar um panorama financeiro claro, ter controle sobre suas dívidas e acompanhar suas finanças através de ferramentas práticas, você estará se armando de conhecimento e recursos para enfrentar as montanhas-russas emocionais e econômicas da profissão médica.

A jornada para a estabilidade financeira é uma construção que exige dedicação, mas com as estratégias e ferramentas em mãos, qualquer médico pode não apenas alcançar, mas também superar seus objetivos financeiros. O próximo passo envolve a criação de um planejamento financeiro eficaz, onde vamos abordar a importância de estabelecer metas praticáveis e implementar um orçamento realista que se alinhe com suas aspirações financeiras e estilo de vida.

Capítulo 3

Planejamento Financeiro Eficaz

O planejamento financeiro é a espinha dorsal de uma vida financeira saudável e próspera. Para médicos, que frequentemente enfrentam desafios únicos em suas carreiras, integrar um planejamento financeiro eficaz é não apenas desejável, mas essencial. Neste capítulo, exploraremos como estabelecer metas financeiras SMART, a criação de um orçamento realista passo a passo e a crucial importância da reserva de emergência.

Estabelecendo Metas Financeiras SMART

As metas financeiras são as diretrizes que orientam nossas decisões e ações ao longo da vida. Para que sejam eficazes, essas metas devem ser SMART, um acrônimo que significa Específicas, Mensuráveis, Atingíveis, Relevantes e Temporais. Vamos explorar cada um desses componentes.

1. Específicas

Uma meta específica é clara e bem definida. Ao definir suas metas financeiras, evite generalizações, como "Quero economizar mais dinheiro". Em vez disso, estabeleça algo como "Quero economizar R$20.000 em dois anos para uma viagem".

2. Mensuráveis

As metas devem ser mensuráveis para que você possa acompanhar seu progresso. Utilize números e prazos que permitam avaliar resultados. Por exemplo, "Quero reduzir minhas despesas mensais em 20% nos próximos seis meses" é um exemplo prático e mensurável.

3. Atingíveis

As metas financeiras devem ser realistas. É importante que você avalie sua situação financeira atual e faça um planejamento que leve em consideração tanto sua capacidade de poupança quanto seu estilo de vida. Uma meta como "Quero economizar R$50.000 em seis meses" pode não ser possível se seus ganhos não suportarem tal economia.

4. Relevantes

Suas metas devem alinhar-se a seus objetivos de vida e carreira. Considere se a meta é realmente importante para você. Pergunte a si mesmo: "Essa meta me ajudará a melhorar minha vida financeira e, consequentemente, a obter uma melhor qualidade de vida ou realização profissional?".

5. Temporais

Por fim, toda meta precisa de um prazo. Isso cria um senso de urgência e motivação. Por exemplo, a meta "Quero quitar minhas dívidas nos próximos 12 meses" estabelece um prazo claro para a ação.

Exercício de Metas SMART

Para ajudá-lo a estabelecer metas SMART, faça o seguinte exercício:

1. Escreva uma lista de suas principais metas financeiras.
2. Transforme cada uma delas em uma meta SMART, conforme os critérios mencionados.
3. Priorize suas metas e escolha três para focar nos próximos três meses.

Criando um Orçamento Realista: Passo a Passo

Um orçamento bem estruturado é essencial para controlar suas finanças. Ao criar um orçamento, você terá uma visão clara de suas receitas, despesas e, consequentemente, do seu potencial de poupança.

1. Avaliar Receitas

O primeiro passo em qualquer orçamento é entender suas receitas. Como médico, isso pode incluir:

- Salário líquido do seu trabalho em clínica ou hospital.
- Renda de atividades paralelas, como consultorias, aulas ou palestras.
- Rendas passivas, como alugueis ou investimentos.

Liste todas as suas fontes de rendimento e a quantia que você recebe de cada uma.

2. Categorizar Despesas

Depois de listar suas receitas, é hora de analisar suas despesas. Divida suas despesas em duas categorias principais:

Despesas Fixas

Essas são despesas que não variam muito de mês para mês. Exemplos incluem:

- Aluguel ou prestação de imóvel.
- Parcelas de empréstimos ou financiamentos.
- Contas de serviços (água, luz, internet).

Despesas Variáveis

Estas são despesas que podem variar a cada mês, tais como:

- Alimentação.
- Transporte.
- Lazer e entretenimento.

3. Analisar Resultados

Agora que você definiu suas receitas e despesas, é hora de ver como elas se comparam. O resultado deve ser claro:

- Se você tem um saldo positivo, pode separar uma parte para economias.
- Se o seu saldo é negativo, é um sinal de que precisa reavaliar suas despesas.

4. Ajustar e Implementar

Após a análise, faça os ajustes necessários. Isso pode envolver a redução de despesas variáveis, como comer fora com menos frequência ou buscar serviços de transporte mais baratos.

5. Monitorar e Revisar Regularmente

Um orçamento não é algo que você cria uma vez e esquece. Monitorar e revisar seu orçamento de forma regular é crucial. Use aplicativos de finanças, planilhas ou um simples caderno para registrar todas as transações. Programe revisões mensais para identificar tendências e fazer os ajustes necessários.

A Importância da Reserva de Emergência

Uma das etapas mais importantes no planejamento financeiro é a criação de uma reserva de emergência. Essa reserva serve como um colchão financeiro, permitindo que você enfrente imprevistos sem comprometer suas finanças pessoais ou sua saúde mental.

1. O que é uma reserva de emergência?

Uma reserva de emergência é uma quantia de dinheiro que você deve ter guardada para cobrir despesas inesperadas, como:

- Despesas médicas não planejadas.
- Consertos de automóveis.
- Perda de emprego ou diminuição da renda.

A recomendação geral é que você tenha um valor equivalente a pelo menos 3 a 6 meses das suas despesas fixas.

2. Como Construir Sua Reserva

Para construir sua reserva de emergência, siga estes passos:

- **Determine o Valor Ideal**: Calcule quanto você gastaria em 3 a 6 meses, somando suas despesas fixas.
- **Estabeleça um Objetivo Mensal**: Defina quanto você pode economizar mensalmente para alcançar seu objetivo.

- **Escolha uma Conta Segura e Acessível**: Esse fundo deve estar em uma conta que você tenha acesso rápido, mas que não seja tão fácil de gastar que você acabe utilizando para gastos do dia a dia.

3. Consistência é a Chave

É fundamental ser consistente na construção da sua reserva. Exportar regularmente uma quantia mensal, mesmo que pequena, pode levar a um saldo significativo ao longo do tempo.

Dicas para um Planejamento Eficaz

- **Automatização**: Configure transferências automáticas para suas contas de poupança, assim você economiza sem perceber, fazendo do ato de economizar um hábito.
- **Análise e Adaptação**: Revise seu planejamento pelo menos uma vez por ano, adaptando-o conforme suas circunstâncias e objetivos mudam.
- **Educação Contínua**: Mantenha-se informado sobre finanças pessoais através de cursos, leituras e participação em comunidades de finanças.

Conclusão

Neste capítulo, abordamos a importância de um planejamento financeiro eficaz na vida dos médicos. Por meio da definição de metas financeiras SMART, a criação de um orçamento realista e a construção de uma reserva de emergência, você tem as ferramentas necessárias para atingir a estabilidade financeira e prosperar em sua vida pessoal e profissional. O próximo passo é implementar essas dicas e construir um futuro financeiro sólido.

Na próxima seção, abordaremos a otimização das suas receitas, um aspecto igualmente importante na construção de sua saúde financeira.

Capítulo 4

Otimização de Receitas

A medicina, além de ser uma vocação nobre, é uma profissão que pode proporcionar uma renda confortável — quando bem gerida. Este capítulo se propõe a mostrar como você, como médico, pode maximizar sua renda através de diversas estratégias. Vamos explorar a diversificação das fontes de receita, o empreendedorismo na área médica e técnicas para a valorização do seu trabalho, com o intuito de se alcançar não apenas a estabilidade financeira, mas também a prosperidade.

Diversificação das Fontes de Renda: Oportunidades para Médicos

1. Entendendo a Diversificação de Receitas

Diversificar as fontes de renda é uma estratégia financeira que visa reduzir riscos e aumentar a estabilidade econômica. Para médicos, isso pode significar explorar novas oportunidades que vão além da prática clínica tradicional. A ideia não é apenas aumentar a renda, mas também garantir que, em casos de imprevistos, como afastamentos ou alterações no mercado da saúde, suas finanças não sejam comprometidas.

2. Oportunidades de Receita

Aqui estão algumas oportunidades que médicos podem explorar:

Consultoria e Especialização

Os médicos podem oferecer serviços de consultoria para instituições de saúde, clínicas ou mesmo na área acadêmica, colaborando em cursos ou workshops. Essa é uma excelente forma de monetizar seu conhecimento e experiência.

Cursos Online e Telemedicina

A popularização das plataformas digitais abriu novas oportunidades para médicos. O desenvolvimento de cursos online sobre saúde e nutrição, bem como serviços de telemedicina, permitem que você alcance pacientes em regiões geográficas diversificadas, ampliando sua clientela.

Escrita e Publicação

Escrever livros, artigos, ou até manter um blog especializado em saúde pode gerar rendimentos adicionais. Além disso, essa prática ajuda a estabelecer sua autoridade no campo, atraindo mais pacientes.

Ações de Marketing de Conteúdo

Produzir conteúdo relevante para o público pode gerar reconhecimento e ampliar sua visibilidade. Essa estratégia pode envolver a elaboração de vídeos educativos, podcasts e participação em eventos de saúde.

3. Exemplos Práticos de Diversificação

- **Clínicas e Consultórios**: Você pode abrir uma clínica própria ou associar-se a outros médicos para formar uma equipe

multidisciplinar, proporcionando uma gama mais ampla de serviços.
- **Participação em Shell Companies**: Investir ou ser sócio em empresas do setor saúde que oferecem produtos ou serviços aos médicos, como venda de equipamentos ou software médico.
- **Formação e Palestras**: Além de atender pacientes, você pode organizar palestras e eventos sobre temas pertinentes à medicina ou à saúde pública.

Empreendedorismo na Medicina: Clínicas, Cursos e Consultorias

1. A Mudança de Mentalidade

A medicina tem se transformado de uma carreira tradicional para uma área que exige que o médico também se comporte como um empreendedor. As mudanças no mercado de trabalho e nas necessidades dos pacientes demandam que os profissionais de saúde adotem uma mentalidade empreendedora.

2. Criando Uma Clínica ou Consultório

Abrir uma clínica ou consultório é uma das maneiras mais diretas de empreender na medicina. Para isso, é fundamental entender os custos envolvidos, desde o aluguel do espaço até o pagamento de funcionários, equipamentos e insumos.

Passos Iniciais:

- **Planejamento**: Esboce um plano de negócios. Este documento deve conter as descrições dos serviços a serem

prestados, o público-alvo, o custo de investimento inicial e as projeções de receita.
- **Registro e Licenças**: Verifique as licenças necessárias para abrir uma clínica em sua localidade e assegure-se de estar em conformidade com as regulamentações.
- **Marketing e Visibilidade**: Utilize as redes sociais e o marketing digital para divulgar sua clínica. Muitos pacientes procuram serviços de saúde online antes de decidir onde consultar.

3. Consultorias e Coaching

Se você possui uma vasta experiência em determinadas áreas da medicina, oferecer consultoria pode ser uma forma de aumentar a sua renda. Organize-se para dar palestras ou cursos a médicos em formação, ajudando-os a aprimorar suas competências clínicas ou administrativas.

Como Criar um Programa de Consultoria:

- **Identifique seu Nicho**: O que você domina? Quais são as suas áreas de expertise que precisam de valorização? Considere as demandas do mercado e como você pode se encaixar nelas.
- **Estabeleça um Portfólio**: Importante criar um portfólio que destaque seus conhecimentos e experiências, para mostrar aos possíveis clientes o diferencial que você oferece.

Negociação e Valorização do Trabalho: Como Aumentar Suas Receitas

1. A Importância da Negociação

Muitos médicos têm dificuldades em negociar seus honorários e condições de trabalho. A habilidade de negociação é essencial não apenas em termos de remuneração, mas também em termos de estabelecer limites e expectativas claras com empregadores e pacientes.

2. Estratégias de Negociação

Conheça Seu Valor

É fundamental que você conheça o valor do seu trabalho e seja capaz de comunicar isso de forma clara a seus empregadores ou pacientes. Isso envolve:

- **Pesquisas de Mercado**: Em sua área de atuação, quais são os valores praticados? Conheça os valores médios e compare sua experiência.
- **Demonstração de Resultados**: Se você possui um histórico de sucesso, não hesite em apresentá-lo nas negociações. Resultados positivos podem justificar honorários mais altos.

Fortalecimento de Relações

Uma negociação bem-sucedida não deve apenas se concentrar no valor monetário, mas também na construção de relacionamentos de longo prazo. Mantenha um canal de comunicação aberto e mostre-se disposto a ouvir as necessidades das partes envolvidas.

3. Valorização do Trabalho

Além de negociar saldos, é vital também optar por formas de complementar sua renda que não envolvam diretamente mais horas de trabalho:

- **Eventos e Workshops**: Além de atender a pacientes, organize eventos para educar o público sobre saúde e bem-estar. Esses eventos podem gerar uma renda significativa.
- **Materiais Educativos**: Crie materiais de ensino, como e-books ou guias sobre temas médicos, que podem ser vendidos online.

Conclusão

A busca pela otimização de receitas é um esforço contínuo, que requer planejamento, estratégia e, muitas vezes, uma atitude de empreendedorismo. Ao diversificar suas fontes de renda, abrir sua própria clínica ou consultório, e negociar de maneira eficiente, você pode não apenas garantir a sua estabilidade financeira, mas também prosperar no altamente competitivo campo da medicina.

Procurar constantemente por novas oportunidades e maneiras de valorizar sua experiência é fundamental. Lembre-se de que o caminho para a prosperidade na medicina pode demandar trabalho e dedicação, mas também pode trazer recompensas significativas, tanto financeiras quanto pessoais. Ao aplicar as estratégias discutidas neste capítulo, você estará mais próximo de alcançar suas metas financeiras e, em última análise, de proporcionar um atendimento ainda melhor aos seus pacientes.

Capítulo 5

Investimentos e Segurança Financeira

Introdução aos Diferentes Tipos de Investimentos

Investir é uma das estratégias mais eficazes para aumentar a riqueza ao longo do tempo, especialmente para médicos, que frequentemente enfrentam altos custos educacionais e longos períodos de formação antes de ver um retorno financeiro significativo. Neste capítulo, iremos explorar os diferentes tipos de investimentos disponíveis, as suas características, riscos e benefícios, além de como os médicos podem navegar por este universo para garantir uma segurança financeira a longo prazo.

1. Tipos de Investimentos

1.1. Renda Fixa

Os investimentos em renda fixa são aqueles em que a rentabilidade é previsível e determinada no momento da aplicação, geralmente vinculada à taxa de juros do mercado. Esses são considerados investimentos mais seguros, o que os torna ideais para quem busca preservar o capital e ter uma renda estável. Os principais exemplos de renda fixa são:

- **CDB (Certificado de Depósito Bancário)**: oferecidos por bancos, esses papeis garantem um retorno baseado em um percentual do CDI (Certificado de Depósito Interbancário).
- **Tesouro Direto**: Títulos públicos emitidos pelo governo, que oferecem diversas modalidades, como Tesouro Selic, Tesouro Prefixado e Tesouro IPCA.
- **Debêntures**: Títulos de crédito emitidos por empresas para captar recursos e financiar projetos. É importante avaliar a classificação de risco da empresa emissora.

1.2. Renda Variável

A renda variável, por outro lado, não oferece garantia de retorno e os ganhos dependem do desempenho do ativo no mercado. Este tipo de investimento possui um maior risco, mas também a possibilidade de retornos muito mais altos. Os principais exemplos incluem:

- **Ações**: Partes do capital de uma empresa, que podem gerar dividendos e valorização de capital.
- **Fundos de Investimentos**: Conjuntos de ativos geridos por profissionais, que podem incluir ações, imóveis e outros tipos de investimentos.
- **ETFs (Exchange Traded Funds)**: Fundos que são negociados na bolsa de valores, que replicam índices financeiros, oferecendo diversidade instantânea.

1.3. Imóveis

Investir em imóveis é uma estratégia tradicional que pode proporcionar renda passiva por meio de locação e valorização do ativo ao longo do tempo. A aquisição de imóveis para alugar pode servir como uma excelente fonte de renda e segurança a longo prazo, mas requer um capital inicial significativo e uma boa análise do mercado.

1.4. Outros Investimentos

Além dos clássicos, existem outros tipos de investimento, como:

- **Criptomoedas**: Ativos digitais que têm ganhado popularidade, mas são altamente voláteis e arriscados.
- **Commodities**: Investimentos em bens físicos como ouro, prata, petróleo, que podem diversificar um portfólio.
- **Arte e Colecionáveis**: Valorizações de objetos raros que podem oferecer bons retornos, mas que exigem expertise e paciência.

2. A Importância de um Portfólio Diversificado

Um dos princípios fundamentais do investimento é a diversificação. Para médicos que podem ter um fluxo de caixa mais irregular devido a diversas fontes de renda, a diversificação se torna ainda mais crucial. Isso ajuda a mitigar riscos, pois a perda em um investimento pode ser compensada por ganhos em outro.

2.1. Princípios da Diversificação

- **Não coloque todos os ovos na mesma cesta**: Distribuir investimentos entre diferentes classes de ativos pode proteger contra a volatilidade de um único investimento.
- **Maximizar os retornos ajustados ao risco**: Diversificação bem planejada pode proporcionar um retorno interessante sem expor excessivamente o investidor ao risco.

2.2. Como Diversificar

- **Alocar em diferentes classes de ativos**: Mesclar investimentos em renda fixa, renda variável e alternativas pode criar uma estrutura balanceada.
- **Diversificação dentro da classe de ativos**: Por exemplo, dentro das ações, é sensato investir em diferentes setores da economia (saúde, tecnologia, energia).
- **Considerar o local de investimento**: Investir em mercados, seja local ou internacionalmente, pode oferecer oportunidades específicas.

3. Como Avaliar e Escolher Investimentos Adequados ao Seu Perfil

3.1. Identificando o Seu Perfil de Investidor

Antes de tomar qualquer decisão de investimento, é fundamental entender qual é o seu perfil de investidor. Isso envolve várias considerações:

- **Risco**: Quão confortável você se sente em correr riscos? Você prefere investimentos seguros ou está aberto a riscos mais altos em troca de maiores retornos?
- **Horizonte de Tempo**: Por quanto tempo você pretende manter seus investimentos? O seu horizonte pode influenciar suas escolhas, dependendo se é de curto, médio ou longo prazo.
- **Objetivos Financeiros**: O que você espera alcançar com seus investimentos? A compra de uma casa, a aposentadoria, a educação dos filhos?

3.2. Avaliação de Desempenho e Risco

Depois de definir seu perfil, você precisa aprender a avaliar o desempenho e o risco dos ativos:

- **Histórico de rentabilidade**: Avaliar o histórico de rentabilidade dos investimentos pode dar uma boa noção de seu potencial.
- **Análise de Risco**: Avaliar o quanto a volatilidade de um ativo pode afetá-lo financeiramente. Quando os mercados caem, como isso te afeta?

3.3. Buscando Orientação Profissional

Investir pode ser complexo, e, se necessário, pode ser vantajoso buscar a orientação de um consultor financeiro. Esses profissionais podem ajudar a formular uma estratégia de investimento que se alinhe com suas metas e perfil de risco.

4. Estruturando um Portfólio de Investimentos Eficaz

4.1. Definindo Alocações

Uma estrutura de portfólio deve refletir sua aversão ao risco e seus objetivos financeiros. Uma alocação típica pode ser:

- **80% Renda Variável, 20% Renda Fixa** – Para jovens investidores com um longo horizonte de tempo que buscam crescimento.
- **60% Renda Variável, 40% Renda Fixa** – Para investidores com uma abordagem equilibrada.

- **40% Renda Variável, 60% Renda Fixa** – Para investidores mais conservadores que priorizam a segurança do capital.

4.2. Monitoramento e Reequilíbrio

Investimentos não são algo que deve ser deixado de lado após a alocação inicial. Manter um acompanhamento regular do desempenho de seus investimentos é crucial, pois:

- **O mercado muda**: Reequilibrar o portfólio para manter as diretrizes de alocação de ativos é importante para controlar o risco e sustentar os objetivos financeiros.
- **Rendimento diferente**: Algumas classes de ativos crescerão mais rápido que outras, levando à desproporção no portfólio.

4.3. Acompanhamento de Tendências de Mercado

Estar atento às tendências de mercado e entender como fatores econômicos podem impactar suas decisões de investimento é essencial. Isso permite que você tome decisões informadas sobre quando comprar ou vender ativos.

5. Considerações Finais sobre Investimentos e Segurança Financeira

A construção de uma base financeira sólida não acontece da noite para o dia, especialmente na profissão médica, onde as responsabilidades financeiras podem ser significativas e desafiadoras. Os médicos, que muitas vezes gastam longos anos se preparando e investindo em sua educação, devem aplicar a mesma estratégia ao gerenciamento de suas finanças pessoais.

5.1. O Papel da Paciência

Investir é uma maratona, não um sprint. Os resultados não são imediatos, e uma abordagem paciente e estratégica é necessária para colher os frutos de seus esforços. A ciência dos investimentos está embasada na premissa de que o tempo está a seu favor, especialmente quando se investe de maneira inteligente e diligente.

5.2. A Educação Contínua

Por fim, o conhecimento é um dos maiores ativos que você pode ter como investidor. Continue se educando sobre o mercado financeiro, novas oportunidades de investimento e estratégias de gerenciamento. Estar informado irá permitir que você faça escolhas mais acertadas e alinhadas aos seus objetivos.

Ao final deste capítulo, esperamos que você tenha adquirido uma compreensão mais clara sobre a importância dos investimentos na segurança financeira e na construção de um futuro próspero. Os médicos têm a oportunidade de não apenas cuidar da saúde de seus pacientes, mas também de cuidar da sua saúde financeira, através do planejamento e investimentos adequados.

Conclusão

Este capítulo é apenas um passo dentro de sua jornada para uma organização financeira pessoal descomplicada. Encorajamos você à reflexão e à ação, lembrando que cada decisão feita deve refletir suas metas, valores e estilo de vida. Com determinação e a abordagem correta, a trajetória para uma vida financeira estável e próspera está ao seu alcance.

Capítulo 6

Proteção Financeira e Planejamento de Longo Prazo

A prática médica, além de ser uma das profissões mais respeitadas, envolve uma responsabilidade significativa com a saúde e o bem-estar dos pacientes. Contudo, essa carga de responsabilidade se estende também à saúde financeira do médico. Neste capítulo, abordaremos a proteção financeira e o planejamento de longo prazo, aspectos fundamentais para garantir não apenas a estabilidade financeira, mas também a tranquilidade necessária para que profissionais da saúde possam concentrar-se em sua missão. Discutiremos os seguros essenciais, a importância do planejamento sucessório e como estruturar um futuro seguro por meio de pensões e aposentadoria.

1. Seguros Essenciais para Médicos

1.1 Por que os Seguros são Cruciais?

Os seguros desempenham um papel crucial na proteção financeira de qualquer profissional, mas para os médicos, essa necessidade é ainda mais acentuada. Devido à natureza da profissão, esses profissionais estão expostos a uma série de riscos que podem impactar suas finanças. Um processo judicial, uma doença grave ou um acidente podem não apenas prejudicar a saúde do médico, mas também devastar sua situação financeira.

1.2 Tipos de Seguros Indispensáveis

1. **Seguro de Responsabilidade Civil Profissional**: Este seguro é essencial para médicos, pois o protege contra reclamações relacionadas a erros ou omissões no exercício profissional. Os valores envolvidos em processos judiciais podem ser exorbitantes, e ter este seguro evita que a estabilidade financeira seja comprometida.
2. **Seguro de Vida**: Um seguro de vida é importante não apenas para proteger a família em caso de falecimento, mas também para garantir a continuidade dos compromissos financeiros, como dívidas ou a manutenção do padrão de vida da família.
3. **Seguro de Saúde**: Embora os médicos geralmente tenham acesso a cuidados de saúde de qualidade, um seguro de saúde abrangente é vital. Este tipo de seguro não apenas cobre despesas médicas pessoais, mas também pode oferecer proteção financeira contra custos inesperados associados a doenças.
4. **Seguro de Invalidez**: Um acidente ou uma doença que resulte em invalidez pode impedir um médico de trabalhar, levando a perdas financeiras significativas. O seguro de invalidez assegura uma parte da renda, permitindo que o médico mantenha sua estabilidade financeira.

1.3 Avaliando Necessidades de Seguros

A cada fase da carreira, as necessidades de seguro podem mudar. Portanto, é fundamental fazer uma avaliação periódica das suas coberturas de seguros. Uma boa prática é consultar um corretor de seguros especializado, que possa ajudar a identificar quais seguros são mais adequados aos objetivos e à situação financeira do médico.

2. A Importância do Planejamento Sucessório

2.1 Conceito de Planejamento Sucessório

O planejamento sucessório é o conjunto de estratégias e ações que visam a organização e a distribuição dos bens de uma pessoa após seu falecimento. Para médicos, que podem acumular um patrimônio significativo ao longo da carreira, este planejamento é crucial.

2.2 Benefícios do Planejamento Sucessório

1. **Proteção do Patrimônio Familiar:** Um planejamento sucessório eficaz ajuda a proteger o patrimônio familiar, garantindo que os bens sejam transferidos de forma ágil e conforme o desejo do titular.
2. **Redução de Impostos:** Existe a possibilidade de planejamento tributário que pode ajudar a minimizar o impacto fiscal sobre os herdeiros, assegurando que a maior parte do patrimônio seja destinada a eles.
3. **Evitar Conflitos Familiares:** Um testamento bem redigido pode ajudar a evitar disputas entre herdeiros, proporcionando segurança emocional à família.
4. **Continuidade dos Negócios:** Para médicos que possuem clínicas ou participam de sociedades médicas, o planejamento sucessório é fundamental para garantir a continuidade dos negócios.

2.3 Passos para um Planejamento Sucessório Eficaz

1. **Revisão de Bens**: Faça um levantamento completo de todos os bens e direitos, incluindo contas bancárias, propriedades e investimentos.
2. **Redação de Testamento**: Consultar um advogado especializado para redigir um testamento é essencial. Um testamento bem estruturado garante que a distribuição dos bens esteja alinhada com os desejos do médico.
3. **Escolha de Um Inventariante**: Se necessário, nomeie uma pessoa de confiança para ser responsável pela execução do testamento.
4. **Atualização Periódica**: O planejamento sucessório não é um processo estático. A cada mudança significativa na vida (casamentos, nascimento de filhos, aquisição de novos bens) é essencial revisá-lo.

3. Pensões e Aposentadoria: Estruturando um Futuro Seguro

3.1 A Importância de Planejar a Aposentadoria

A profissionalização na medicina muitas vezes requer anos de estudo e especialização. Entretanto, muitos médicos tendem a negligenciar o planejamento para a aposentadoria. Um planejamento previdenciário adequado é fundamental para garantir uma aposentadoria tranquila e segura.

3.2 Tipos de Aposentadorias

1. **Sistema de Previdência Social**: Embora ofereça uma base de proteção, a previdência social sozinha pode não ser suficiente para manter o padrão de vida desejado após a aposentadoria.

Médicos geralmente têm a oportunidade de contribuir para previdências privadas além do sistema público.
2. **Previdência Privada**: Existem duas modalidades principais:
   - **PGBL (Plano Gerador de Benefício Livre)**: Ideal para quem faz a declaração completa do Imposto de Renda, pois permite deduzir as contribuições da base de cálculo do imposto.
   - **VGBL (Vida Gerador de Benefício Livre)**: Recomendado para quem faz a declaração simplificada, pois não permite essas deduções.

3.3 Montando um Plano de Aposentadoria

1. **Definição de metas**: É importante definir quanto se gostaria de ter mensalmente após a aposentadoria e por quanto tempo se espera viver dessa renda.
2. **Cálculo de contribuições necessárias**: Uma planilha pode ajudar a determinar quanto será preciso economizar mensalmente para alcançar a meta desejada.
3. **Diversificação de Investimentos**: Assim como em qualquer planejamento financeiro, diversificar onde as economias para a aposentadoria são aplicadas é fundamental. Isso não apenas diminui o risco, mas também pode aumentar os retornos ao longo do tempo.
4. **Reavaliação Regular**: À medida que as circunstâncias da vida mudam, é importante revisar os planos de aposentadoria regularmente para garantir que ainda sejam realistas e adequados às novas condições de vida e objetivos profissionais.

4. Considerações Finais

O planejamento financeiro de longo prazo não deve ser visto como uma tarefa opcional, mas como uma responsabilidade essencial para quem trabalha na área da saúde. O médico que se dedica a proteger sua saúde financeira através de seguros adequados, planejamento sucessório eficiente e estratégias sólidas de aposentadoria está não apenas garantindo seu próprio futuro, mas também assegurando que sua família esteja protegida.

A prática da medicina é inegavelmente nobre e vital, e quando unida a uma gestão financeira consciente e estruturada, possibilita ao médico não apenas prosperar em sua carreira, mas também desfrutar de paz e segurança em sua vida pessoal. Em um mundo em constante mudança, investir tempo e esforço na proteção financeira traz benefícios duradouros e um futuro mais seguro.

Capítulo 7

O Comportamento Financeiro Saudável

A relação de um médico com suas finanças é singular e, muitas vezes, desafiadora. A paixão pela profissão, o desejo de ajudar os outros e os altos níveis de estresse podem interferir na maneira como um profissional de saúde lida com seu dinheiro. Neste capítulo, exploraremos a importância de cultivar um comportamento financeiro saudável, discutindo hábitos que promovem uma gestão financeira eficaz, estratégias para lidar com a ansiedade financeira e a relevância de uma mentalidade positiva em prol da prosperidade.

7.1 Como Cultivar Hábitos Saudáveis em Relação às Finanças

7.1.1 A Disciplina Financeira

A disciplina é um dos pilares fundamentais para a construção de um comportamento financeiro saudável. Assim como na medicina, onde a rotina e o compromisso com a prática são essenciais para o sucesso, na gestão das finanças pessoais, a disciplina determina se as metas financeiras serão alcançadas. Para cultivar essa disciplina, considere as seguintes práticas:

- **Estabeleça uma Rotina de Revisão Financeira**: Reserve um tempo, mensalmente, para revisar suas finanças. Analise suas receitas, despesas e veja se está cumprindo suas metas

financeiras. Isso proporciona uma visão clara sobre onde você está e onde deseja chegar.
- **Crie um Orçamento Realista**: O orçamento deve ser uma representação precisa de sua realidade financeira. Utilize ferramentas digitais ou aplicativos que ajudem a organizar suas despesas e receitas, facilitando o acompanhamento.
- **Automatize Pagamentos e Poupanças**: Sempre que possível, automatize pagamentos e transferências para contas de poupança e investimentos. Assim, você evita a tentação de gastar e garante que suas obrigações e objetivos financeiros sejam cumpridos.

7.1.2 Educação Contínua

A educação financeira não deve ser uma tarefa isolada; ela deve ser um compromisso contínuo. O mundo das finanças é dinâmico, e se manter informado sobre tendências, investimentos e novas práticas financeiras é essencial. Algumas sugestões para aprimorar sua educação financeira incluem:

- **Participe de Cursos e Workshops**: Muitas instituições oferecem cursos voltados para finanças pessoais. Esses cursos podem ajudar a aprimorar seu conhecimento e habilidades.
- **Leia livros e artigos sobre finanças**: Há uma vasta literatura disponível que pode expandir sua compreensão sobre investimentos, economia e comportamento financeiro.
- **Siga Especialistas em Finanças nas Redes Sociais**: Acompanhe profissionais de finanças em suas redes sociais. Muitos compartilham dicas e atualizações valiosas que podem beneficiar sua trajetória financeira.

7.2 Lidando com a Ansiedade Financeira na Profissão Médica

É inegável que a carreira médica traz consigo uma carga emocional significativa. A preocupação com o bem-estar dos pacientes, a pressão do dia-a-dia e a gestão do tempo muitas vezes eclipsam a atenção necessária para o controle das finanças pessoais. A ansiedade financeira pode surgir como resposta a essa pressão, manifestando-se de várias formas, como medo de não conseguir pagar contas ou insegurança em relação ao futuro.

7.2.1 Reconhecendo a Ansiedade Financeira

O primeiro passo para lidar com a ansiedade financeira é identificá-la. Pergunte a si mesmo:

- Sinto um peso constante em relação às minhas finanças?
- A preocupação com o futuro financeiro me impede de aproveitar o presente?
- Tenho dificuldades em tomar decisões financeiras por medo de errar?

Reconhecer esses sentimentos é essencial para implementar estratégias que os mitiguem.

7.2.2 Estratégias para Minimizar a Ansiedade Financeira

- **Pratique a Meditação e a Atenção Plena**: Técnicas de mindfulness podem ajudar a acalmar a mente e reduzir a ansiedade. Dedique alguns minutos do dia à meditação ou exercícios de respiração.

- **Estabeleça um Fundo de Emergência**: Saber que você tem uma reserva financeira pode proporcionar uma sensação de segurança em tempos de crise. O ideal é ter pelo menos de três a seis meses de despesas guardadas.
- **Converse com um profissional de Finanças**: Um consultor financeiro pode oferecer uma nova perspectiva sobre suas preocupações. Além disso, pode ajudá-lo a traçar um plano para aliviar suas ansiedades.

7.3 Importância da Mentalidade Positiva em Busca da Prosperidade

O estado mental é um fator muitas vezes negligenciado na gestão financeira. Ter uma mentalidade positiva não apenas ajuda a lidar com os desafios financeiros, mas também pode abrir portas para novas oportunidades. Profissionais que acreditam que podem conquistar seus objetivos financeiros são, frequentemente, mais propensos a tomar decisões acertadas.

7.3.1 A Mentalidade de Crescimento

Ao invés de se fixar em limitações, adote uma mentalidade de crescimento, que enfatiza a aprendizagem e a adaptação. Isso pode ser desenvolvido através de técnicas simples:

- **Mantenha um Diário de Gratidão**: Anote as coisas pelas quais você é grato, incluindo pequenas vitórias financeiras e pessoais. Esse hábito ajuda a criar uma perspectiva positiva.
- **Celebre Pequenas Conquistas**: Comemore seus sucessos, seja ao atingir uma meta de poupança ou ao quitar uma dívida. Esses momentos de celebração reforçam a motivação.

- **Visualize Sucesso Financeiro**: Use a visualização como uma ferramenta. Imagine o que você deseja conquistar financeiramente e escreva suas metas como se já fossem realidade. Isso pode aumentar sua motivação para agir.

7.3.2 Construindo uma Rede de Apoio

Estar cercado de pessoas com mentalidade positiva pode impactar diretamente seu comportamento financeiro. Compartilhar experiências, desafios e conquistas com colegas e amigos pode ser uma excelente fonte de motivação e apoio.

- **Participe de Grupos de Apoio**: Momentos de interação com pessoas que buscam o mesmo objetivo podem ser encorajadores. Procure grupos que discutam finanças, investimentos ou mesmo bem-estar emocional.
- **Troque Experiências com Colegas de Trabalho**: Abordar questões financeiras em um ambiente seguro pode ajudar a esclarecer dúvidas e compartilhar soluções que funcionam para outros.

7.4 O Papel do Autoconhecimento

O autoconhecimento é vital para entender seus comportamentos e reações financeiras. Conhecer suas crenças e valores pode ajudar a tomar decisões mais alinhadas com seus objetivos de vida e financeiros. Algumas perguntas para refletir:

- Quais crenças eu tenho sobre dinheiro?
- Como meu histórico familiar influencia o comportamento financeiro?

- O que realmente valorizo na vida e como o dinheiro se encaixa nesses valores?

O autoconhecimento promove uma maior clareza nas decisões financeiras e contribui para um comportamento mais assertivo em relação ao dinheiro.

7.5 Conclusão

Cultivar um comportamento financeiro saudável é um processo contínuo que exige disciplina, educação e autoconhecimento. A consciência sobre a ansiedade financeira e a capacidade de estabelecer e manter uma mentalidade positiva são ingredientes essenciais para a prosperidade financeira.

A jornada para a estabilidade financeira, especialmente para médicos, não é apenas sobre números e orçamentos. É sobre controlar as emoções que cercam o dinheiro, desenvolver hábitos saudáveis e acreditar que a prosperidade é alcançável. Ao implementar as estratégias discutidas neste capítulo, você estará não apenas administrando melhor suas finanças, mas também transformando a relação que tem com o dinheiro e, consequentemente, com sua vida.

Com esse entendimento e as ferramentas adequadas, o caminho para uma vida financeira equilibrada e próspera começará a se desenhar de maneira clara. Ao final, a verdadeira riqueza não está apenas nos números, mas na liberdade que eles trazem para viver a vida que se deseja.

Conclusão

Chegamos ao final desta jornada dedicada à organização financeira pessoal dos médicos, uma classe que, por sua dedicação e importância social, enfrenta desafios únicos quando o assunto é a saúde financeira. Em um mundo onde a medicina exige constante atualização e onde o estresse é muitas vezes inevitável, é crucial que os profissionais de saúde não apenas cuidem da saúde de seus pacientes, mas também gerenciem bem suas próprias finanças.

O Desafio da Gestão Financeira na Medicina

A prática médica é muitas vezes marcada por longas horas de trabalho, investimentos altos em educação e a pressão diária de lidar com a saúde e a vida das pessoas. Isso, por si só, pode criar um ambiente propenso a negligenciar a organização financeira. Médicos que não estabelecem um planejamento financeiro sólido podem ver suas finanças se tornarem um fardo em um momento em que deveriam se concentrar na assistência ao paciente.

Nos capítulos anteriores, discutimos a importância da educação financeira, a avaliação da situação financeira, o planejamento eficaz e como otimizar receitas. Também abordamos estratégias de investimento e proteção financeira, além de enfatizar a importância de cultivar um comportamento financeiro saudável. Todos esses aspectos são fundamentais para garantir que os médicos não apenas sobrevivam financeiramente, mas prosperem em suas carreiras.

A Transformação Através do Conhecimento

A educação financeira é o primeiro passo para a transformação. Tão importante quanto as habilidades clínicas que um médico deve cultivar, está o entendimento dos princípios financeiros. Ao se informarem sobre finanças pessoais, médicos podem tomar decisões informadas que impactam diretamente seu futuro financeiro. A gestão do orçamento, o controle de dívidas e a criação de um fundo de emergência são práticas que, quando bem implementadas, oferecem segurança em momentos de incerteza.

O investimento em si é uma arte, é uma ciência que demanda estudo e reflexão. Ao diversificar suas fontes de renda e procurar maneiras de ampliar seu portfólio de investimentos, os médicos podem não apenas aumentar sua renda, mas também conseguir segurança financeira a longo prazo. Mediante o contexto econômico muitas vezes instável, ter um plano de ação em relação a investimentos é vital para garantir um futuro próspero.

A Importância de Uma Mentalidade Pró Ativa

Cultivar uma mentalidade positiva e proativa em relação às finanças é mais do que apenas aprender a controlar gastos e investir. É entender que a prosperidade financeira vai além da mera acumulação de riqueza. Um comportamento financeiro saudável inclui o estabelecimento de metas, a capacidade de sonhar e de trabalhar para realizar essas aspirações.

A ansiedade financeira pode ser um obstáculo significativo e, muitas vezes, é exacerbada pela pressão que os médicos enfrentam em seu dia a dia. Ao lidar com essa ansiedade, é importante lembrar que o estresse financeiro pode afetar não apenas sua vida pessoal, mas também seu desempenho profissional e a qualidade do cuidado prestado aos pacientes.

Construindo Um Futuro Sustentável

Para aqueles que seguem a carreira médica, o planejamento de longo prazo para a aposentadoria e a proteção financeira são vitais. Muitas vezes, médicos trabalham incansavelmente, mas esquecer de planejar a sua aposentadoria pode resultar em desafios significativos quando chegarem a essa fase da vida. A constituição de pensões, a escolha de seguros adequados e a elaboração de um planejamento sucessório são passos essenciais para assegurar que seus descendentes sejam amparados e que seu legado seja preservado.

A necessidade de um portfólio diversificado de seguros, que inclui cobertura de responsabilidade civil e seguro de vida, é uma realidade que os médicos não devem ignorar. Esses instrumentos não servem apenas para proteger seus bens, mas, mais importante, para garantir a proteção de suas famílias e sucessores.

A Jornada Está Apenas Começando

Ao final deste livro, a mensagem é clara: alcançar a estabilidade financeira e prosperar como médico é um objetivo viável e alcançável. Através das informações e estratégias apresentadas, os médicos têm a oportunidade de transformar suas vidas financeiras, garantir um futuro mais seguro e potencialmente alcançar uma maior satisfação na vida profissional e pessoal.

Portanto, é hora de colocar em prática tudo aquilo que foi aprendido. Comece a implementar as estratégias de planejamento financeiro, siga os passos sugeridos para otimização de receitas e jamais subestime o poder de um comportamento financeiro saudável. O caminho para a estabilidade financeira requer esforço e dedicação, mas a recompensa é inestimável.

Comprometer-se com o Aprendizado Contínuo

Lembre-se de que a educação financeira é um processo contínuo. Os mercados mudam, as leis financeiras se alteram e novas oportunidades surgem. É essencial se manter atualizado, participando de workshops financeiros, lendo livros e artigos sobre o assunto e, sempre que possível, consultando com profissionais especializados em finanças pessoais.

A busca pelo conhecimento transformará não apenas a sua abordagem em relação ao dinheiro, mas também poderá influenciar positivamente a vida de outros ao seu redor. Médicos que se educarem financeiramente costumam compartilhar essa sabedoria, ajudando amigos, colegas e pacientes a entenderem a importância de uma vida financeira saudável.

Um Chamado à Ação

Por fim, encorajo todos os leitores deste livro a verem as finanças não como um fardo, mas como uma ferramenta poderosa que pode levar à liberdade, à paz de espírito e à felicidade. O que foi discutido nestas páginas não é apenas informação; é um convite para que cada médico assuma o controle de sua vida financeira.

Comprometa-se a tomar medidas concretas. Inicie um orçamento, avalie suas dívidas, estabeleça um fundo emergencial e comece a explorar opções de investimentos. Essas são ações que podem parecer pequenas, mas têm o potencial de provocar uma transformação significativa em sua vida financeira.

Lembre-se, a saúde financeira é tão importante quanto a saúde física e mental. Ao buscar equilíbrio e prosperidade em ambos os aspectos, você estará se preparando para uma carreira médica bem-sucedida, destacando-se na profissão e garantindo um futuro brilhante para si e sua família.

A jornada pode ser desafiadora, mas ao final, o retorno será uma vida plena, financeiramente saudável e repleta de conquistas.

Bibliografia e Referências

A bibliografia e as referências são elementos fundamentais para a credibilidade de qualquer obra, especialmente em um campo tão crucial como a organização financeira pessoal para médicos. Ao longo deste livro, buscamos embasar nossas propostas e abordagens em obras reconhecidas, pesquisas e artigos que tratam das nuances da gestão financeira. Aqui, apresentamos uma visão geral das fontes que inspiram e fundamentam os conhecimentos apresentados.

Bibliografia

1. **R. Kiyosaki.** *Pai Rico, Pai Pobre.* **Editora BestSeller.**
   Esta obra clássica é um marco na literatura sobre finanças pessoais. Robert Kiyosaki oferece uma perspectiva revolucionária sobre dinheiro, investimentos e a diferença entre ativos e passivos. O autor utiliza histórias de vida e lições aprendidas para ensinar a importância de desenvolver uma mentalidade financeira adequada, que é extremamente relevante para médicos que buscam não apenas entender suas finanças, mas transformar sua abordagem em relação ao dinheiro.
2. **L. S. B. Dias.** *Finanças Pessoais: Como Se Tornar Rico Sem Sacrificar Sua Vida Pessoal.* **Editora Gente.**
   O livro de L. S. B. Dias foca na busca por riqueza sem comprometer a qualidade de vida. Através de métodos práticos e acessíveis, o autor apresenta estratégias que podem ser facilmente aplicadas ao dia a dia dos médicos, mostrando que é possível ter um bom gerenciamento financeiro mesmo diante de uma rotina intensa e repleta de desafios.

3. **P. A. Sonja.** *O Poder do Hábito.* **Editora Objetiva.**
   Sonja P. A. explora como os hábitos moldam nossas vidas e, consequentemente, nossas finanças. O entendimento de como construir hábitos saudáveis em relação ao dinheiro é essencial, especialmente para médicos que muitas vezes enfrentam a ansiedade financeira. Este livro fornece insights sobre a psicologia do comportamento, que podem ser aplicáveis na formação de uma mentalidade mais positiva e estável no que diz respeito às finanças pessoais.
4. **D. H. J. E. Silva.** *Investindo em Você: A Nova Fronteira das Finanças Pessoais.* **Editora Saraiva.**
   A obra de D. H. J. E. Silva é uma introdução aos conceitos de investimento e ao autoconhecimento financeiro. Com um enfoque prático, o autor orienta os leitores na importância de investir em educação e desenvolvimento pessoal como uma forma de alcançar a independência financeira. Para médicos, que possuem um grande potencial de receitas, entender como investir seus ganhos é crucial.

Referências

Através de pesquisas atualizadas e de qualidade, este livro se fundamenta em artigos da **Comissão de Valores Mobiliários (CVM)**, que serve como um guia importante em relação às regulamentações e práticas do mercado financeiro brasileiro, essencial para qualquer médico que deseje investir ou entender mais sobre aplicações financeiras.

Além disso, dados dos **Institutos de Pesquisa Econômica Aplicada (IPEA)** fornecem uma base sólida sobre os aspectos econômicos e sociais que afetam a realidade financeira no Brasil, trazendo informações relevantes que influenciam a vida financeira dos profissionais de saúde.

Por fim, os **guias de planejamento financeiro da Associação Brasileira de Planejadores Financeiros (APEF)**oferecem orientações práticas e metodológicas para a construção de uma estratégia sustentável e eficaz no gerenciamento das finanças pessoais.

Em resumo, a bibliografia e as referências apresentadas ao longo deste livro são indispensáveis para aqueles que buscam não apenas compreender a importância da educação financeira, mas também o contexto e conhecimento aplicável na prática, especialmente no desafiador mundo da medicina. Essas obras são ferramentas valiosas que capacitam médicos a alcançarem a estabilidade financeira e a prosperidade desejadas.

Agradecimentos

O percurso de qualquer médico é repleto de desafios e conquistas, mas também de incertezas, especialmente quando se trata da gestão financeira. Este livro é resultado de uma reflexão profunda sobre as experiências que muitos profissionais de saúde enfrentam em relação ao tema financeiro. Nessa jornada, é imprescindível reconhecer e agradecer àqueles que contribuíram para tornar este projeto possível.

Aos Profissionais de Saúde

Primeiramente, meu agradecimento vai para todos os médicos e demais profissionais de saúde que, com coragem e determinação, compartilharam suas histórias, experiências e desafios financeiros. Vocês são a verdadeira força motriz por trás deste livro. Cada relato, cada dificuldade enfrentada e cada vitória alcançada enriqueceram a estrutura deste trabalho, trazendo uma perspectiva rica e diversificada sobre a realidade financeira na medicina.

É essencial reconhecer que a prática da medicina não é apenas uma questão técnica e científica; envolve uma enorme carga emocional e, muitas vezes, fatores estressantes. As conversas profundas que tive com colegas em diversos níveis de experiência revelaram não apenas a complexidade das questões financeiras, mas também a necessidade urgente de uma educação financeira mais acessível e aplicável à nossa profissão. Esses diálogos se tornaram a base que sustentou e direcionou a elaboração deste material.

Aos Pacientes

Agradeço também a todos os pacientes que, de forma indireta, contribuíram para este livro. Cada um de vocês, ao buscar o cuidado e o tratamento, inspira não apenas os médicos a oferecerem o melhor, mas também a refletirem sobre a importância de uma prática financeira saudável. A preocupação com a saúde muitas vezes eclipsa a importância do bem-estar financeiro, mas suas histórias de resiliência nos ensinam que tanto a saúde física quanto a financeira são fundamentais para uma vida plena.

Os desafios que muitos médicos enfrentam – como a oscilação de rendimentos, a gestão de dívidas educativas e o investimento em aprimoramento profissional – são, muitas vezes, reflexo das dificuldades econômicas enfrentadas pelos pacientes. Essa interconexão entre saúde e finanças é um ponto importante que deve ser considerado por todos os envolvidos no circuito médico.

Aos Especialistas em Finanças

Agradeço especialmente aos especialistas em finanças pessoais com os quais tive a honra de colaborar durante a elaboração deste livro. Através de suas orientações, pude trazer informações precisas e relevantes que são essenciais para a construção de uma estratégia financeira eficaz para médicos. As orientações sobre investimentos, gestão de dívidas e planejamento financeiro foram fundamentais para compor um conteúdo que seja informativo e prático ao mesmo tempo.

Esses profissionais, com seus conhecimentos e experiências, oferecem uma visão crítica e analítica que ajuda a simplificar conceitos financeiros complexos. A capacidade de transformar conteúdos densos e muitas vezes assustadores em ferramentas úteis e aplicáveis é uma habilidade admirável e extremamente necessária para a proposta deste livro.

À Minha Família e Amigos

Um agradecimento especial se estende à minha família e amigos pelo seu apoio incondicional. Em muitos momentos, a jornada de escrita e pesquisa foi desafiadora e exige dedicação. A compreensão e incentivo que recebi de vocês foram fundamentais para que eu conseguisse superar os obstáculos e manter a motivação.

Agradeço pelas conversas enriquecedoras que tivemos em torno do tema das finanças pessoais, que frequentemente se tornaram reflexões valiosas para a elaboração dos conteúdos aqui apresentados. As experiências de cada um de vocês me ajudaram a compreender a importância de um planejamento eficaz e de hábitos financeiros saudáveis.

À Comunidade Médica

Não posso deixar de agradecer à comunidade médica como um todo, que, mesmo enfrentando suas batalhas, luta para proporcionar um atendimento de qualidade aos seus pacientes. A interação com outros médicos, a troca de experiências e a busca por um sistema de saúde mais justo e sustentável sempre foram inspirações para mim.

As discussões sobre a valorização do trabalho médico e sobre a necessidade de uma remuneração justa são vitais não apenas para a categoria, mas para toda a sociedade. O trabalho que realizamos vai além do atendimento clínico; abrange a educação sobre saúde, a promoção do bem-estar e a luta por melhores condições de trabalho.

Cada médico que se posiciona e busca melhorias no setor é uma luz de esperança para o futuro da medicina e da saúde pública.

Às Instituições e Organizações

Agradeço às instituições e organizações que se dedicam à formação continuada dos médicos e à educação financeira. O trabalho desenvolvido por essas entidades não apenas fortalece a formação dos profissionais, mas também abre portas para um entendimento mais profundo sobre a importância de gerir bem as finanças pessoais. Os cursos, workshops e palestras oferecidos são fundamentais para ajudar médicos a se equiparem com as ferramentas necessárias para enfrentar os desafios financeiros.

Essas instituições são cruciais para a disseminação do conhecimento e podem atuar na transformação de nossa mentalidade frente à gestão financeira. Um apelo para que continuem investindo em formação e orientação sobre finanças, capacitando os médicos a prosperar nas diversas esferas de suas vidas.

Reflexões Finais

Concluo este momento de agradecimentos com uma reflexão sobre o verdadeiro significado de organização financeira pessoal. Não se trata apenas de números em uma planilha ou de estratégias de investimento; envolve a transformação de hábitos e a construção de um mindset que prioriza o equilíbrio e a segurança financeira.

Esperamos que as informações e estratégias apresentadas neste livro sejam catalisadoras para que cada médico possa alcançar não apenas a estabilidade financeira, mas uma vida mais equilibrada e gratificante, onde possa exercer sua profissão com paixão e segurança.

Assim, a cada página deste livro, convidei você a embarcar em uma jornada de aprendizado e empoderamento. Agradeço a todos que, de alguma forma, colaboraram para sua criação, e convido os leitores a aproveitar ao máximo as lições que aqui estão apresentadas. Que possamos todos juntos, como uma comunidade, avançar em direção ao sucesso financeiro e à prosperidade!

A batalha pela organização financeira é uma luta constante, mas com o suporte de uma rede forte e conectada, tenho a certeza de que podemos vencer e viver plenamente, tanto na esfera financeira quanto na profissão médica que tanto amamos.

www.ingramcontent.com/pod-product-compliance
Lightning Source LLC
Chambersburg PA
CBHW071957210526
45479CB00003B/968